AF262269

LETTRE

DE

NAPOLÉON-LE-GRAND

AU PEUPLE FRANÇAIS,

DATÉE DES CHAMPS-ÉLYSÉES, EN SEPTEMBRE **1830**.

Dans laquelle il le félicite sur les événemens glorieux qui lui ont rendu la Liberté, en plaçant sur le trône

LOUIS-PHILIPPE Ier.

DÉDIÉE A LA GARDE NATIONALE.

PARIS.

CHEZ { VILLEMSENS, } Éditeurs,
{ BONVALLET, }

Rue de Verneuil, N°. 14, faub. St.-Germain.

1830.

[illegible]

[illegible]

[illegible]

[illegible]

[illegible]

[illegible]

[illegible]

LETTRE

DE

NAPOLÉON-LE-GRAND,

AU PEUPLE FRANÇAIS.

Lettre de Napoléon aux Français, sur les grands événemens qui se sont passés, et qui assurent leur bonheur et leur liberté.

BRAVES FRANÇAIS,

Vous que j'ai tant aimés, vous à qui je dois cette gloire immense qui me survit, parceque je fus assez heureux pour vous commander, recevez mes félicitations.

Vous avez recouvré votre liberté, et le drapeau de la victoire flotte de nouveau sur toutes vos cités

Vous venez de prouver encore que vous étiez la grande nation; vous avez opéré des miracles! ce que j'admire de plus en plus, c'est que l'expérience et les lumières de la raison ont présidé à votre conduite et que vous avez donné une grande leçon aux autres peuples.—

4

Il falloit que tout cela arrivât, j'en parlais avec mon ancien ami le général Foy, et nous étions assis ensemble au pied d'un laurier, ce qui nous étoit bien permis, lorsqu'un de ces élèves de l'école politechnique, parmi lesquels je devais choisir des hommes pour exécuter beaucoup de grandes choses, a paru parmi nous, et nous a appris ce qui c'étoit passé dans Paris pendant ces trois immortelles journées de juillet, il étoit suivi d'une foule des braves qui avaient perdu la vie pour reconquérir les droits, que des hommes sans caractère comme sans énergie, avaient voulu vous ravir en s'abandonnant à l'influence d'une secte fanatique et sanguinaire et d'une classe d'individus esclaves de vieux préjugés gothiques; vous les avez renvoyés : ils ont mérité leur sort, et la générosité de votre conduite forcera vos ennemis à vous admirer et à vous respecter.

Cette vengeance était seule digne de vous; elle forme un contraste frappant avec le sort qui vous était reservé si vous eussiez été vaincus, votre sang, eût cimenté le triomphe de vos adversaires; ils préludaient déjà à ces affreux massacres, en égarant de malheureux soldats qui versaient le sang de leurs frères. Je ne dis rien de ceux qui ont l'habitude de se vendre. En les rendant à leurs foyers vous leur avez donné une leçon dont ils sauront profiter. Ces peuples qui se vantent de leur liberté n'en connaissent pas le prix. Ce sont des mercenaires; oubliez les, puisquils s'étaient laissés acheter par la tyrannie.

Vous avez mis à votre tête le seul homme qui pouvait vous convenir ; j'applaudis à votre choix et je n'eusse pas mieux fait si j'eusse été chargé de vous désigner un chef; sa place étoit depuis longtemps marquée : celui qui, jeune encore, sut vaincre à Jemmapes, à Valmy à Nerwinde était digne d'être le chef de la grande nation et d'un peuple de héros.

Il achevera ce qui j'avais ébauché pour votre bonheur et votre gloire; portez lui cet amour qu'il a lui même pour vous et qu'une confiance réciproque resserre les nœuds qui vous unissent; vous accomplirez ainsi vos nobles et grandes destinées.

Que les erreurs que j'ai pu me reprocher et plus encore les fautes de ceux qui viennent de vous quitter le prémunissent contre celles qu'on essayerait de lui faire commettre; il connaît l'esprit et les intentions de ceux qu'il emploie.

Aidés du vétéran de la liberté et d'un de mes anciens braves, dont il a récompensé le courage par un titre que je lui devais, il ne pourra s'égarer. Le premier est le Méntor d'un autre Télémaque : je ne l'aimais pas mais je l'estimais. Tel est l'ascendant de la vertu.

Il a fait de bons choix; mais je vois avec peine autour de lui de ces hommes de tous les temps, de ces caméléons de toutes les circonstances. Êtres éternels qui survivent à tout; qui me juraient ce qu'ils promettraient à vingt générations, s'ils pouvaient prolonger jusque là leur volage existence.

J'ai vu avec un peu de surprise que le fanatisme en robe et à feutre allongé avait été remplacé par une autre divinité non moins redoutable : la CHICANE. Craignez, Français, de tomber dans ses serres cruelles, elle est tout aussi ambitieuse et non moins rapace, et ses sectaires, dans leur espèce, ne valent pas mieux que les enfans d'Ignace.

Ils n'emploieront pas le fer et le poison ; mais ils vous noieront dans des flots d'encre. Après vous avoir fatigués de leur éternelle loquacité ; défiez-vous de tous ces phraseurs, de ces hommes à projets, de ces héros de tribune, qui vous parlent sans cesse des dangers qu'ils se gardent bien de partager ; ils viennent chanter victoire lorsqu'ils sont passés, et comme le Sosie d'Amphitrion retirés chez eux, ils prenaient des forces pour ceux qui se battaient.

J'ai eu de ces individus autour de moi, lorsque j'étais à votre tête, et je m'en suis toujours très-mal trouvé lorsque je les ai écoutés.

En amalgamant les nobles de race, avec ceux qui l'étaient devenus par leur courage et leur épée, j'ai donné de la consistance au premiers, et la tête a tourné aux seconds ; ils se sont crus d'une autre nature. Les pauvres gens, ils ont prouvé seulement la petitesse de leur esprit et l'indulgence que j'ai eue pour ces êtres qui, d'ailleurs m'avaient bien servi sur le champ de bataille, a fait naître des trahisons des défections qui plus tard, m'ont conduit sur le rocher où j'ai fini mes jours.

Maintenant tout nous est connu dans ces lieux que j'habite, et ceux que je croyais des amis et des hommes dévoués n'étaient que des traîtres, et ceux qui existent encore ne sont pas changés.

Nous les voyons d'ici prendre un autre langage, étudier leur nouveau rôle ; ils sont plus habiles que *Lazarri* dans l'art des travestissemens, et ils ont trouvé moyen de se glisser partout.

Vos deux chambres fourmillent encore de ces modernes Janus. Les uns affectent une popularité qui est loin de leur cœur ; les autres tiennent au passé, afin d'être tranquilles sur l'avenir : ils se complaisent dans la pensée de l'hérédité qu'on eût dû peut-être détruire, car je pense qu'il ne doit en exister que dans la vertu, et que l'espèce humaine ressemble à certaines liqueurs qui s'usent et perdent leur qualité première, à force d'être transvasées.

Toutes vos institutions vont passer peu à peu dans le creuset et être refondues par l'expérience, qui donne toujours les plus utiles leçons, et dont nous devons profiter.

Le jury, cette sauve-garde de la société, de son existence, et de la liberté générale et individuelle, le jury doit être la base fondamentale qu'il faut admettre dans tous les jugemens qui sont prononcés au nom de la loi ; sans cela, la justice n'est qu'un mot vide de sens, vous retombez dans l'arbitraire ; et lorsque vos derniers tyrans soumirent le châtiment de certains délits à un faible triumvirat d'hommes que la passion ou la volonté ministérielle influençaient, dès-lors, li n'y eut plus de sûreté ni de garantie pour l'ordre social.

La révision de ces mêmes jugemens était dérisoire, puisque ceux qui les avaient prononcés étaient encore appelés à donner leur avis : ils devenaient juges et parties dans leur propre cause ; aussi, jamais il n'y avait d'absolution, et tout était approuvé avec une rare et très-coupable complaisance.

Voilà, chers et braves Français où vous avaient conduit cette légéreté, cette inconstance naturelles qu'on vous a reprochées tant de fois.

J'avouerai qu'il n'y a point de gouvernement parfait, et cela est impossible, parce que tout ce qui sort de la main des hommes est toujours entaché de faiblesse; ensuite, que la nouveauté a un charme irrésistible pour vous.

Vous murmuriez contre moi; vous étiez fatigués, rassasiés de gloire, et cependant je vous connaissais bien : c'était le seul élément qui convenait à vos ames ardentes et généreuses. Vous m'avez regretté, lor-que vous avez reconnu un peu tard que ce qu'on vous avait pompeusement offert comme une restauration n'était que le rétablissement des abus et des niaiseries consacrées par l'ignorance et la superstition.

Un Français de plus, expression vide de sens, qui vous avait séduits, et qui n'était qu'un mauvais jeu de mots échappé à une tête creuse, dont la soupape était toujours ouverte pour recevoir toutes les exhalaisons : *Un Français de plus*, je le répète, vous rendit tous les maux que vous ignoriez, en ajoutant un dégré de malignité à ceux qui p saient de temps en temps sur vous, et qui ne vous ne parurent que des jeux d'enfans lorsque vous les compariez avec les prétendus bienfaits de vos restaurations.

Je parlais dernièrement de tout cela avec un des membres de cette famille déchue, qui avait toujours passé pour le plus instruit; nous nous voyons de temps en temps ici. Il était versé dans plus d'une science; mais celle de gouverner les hommes ne lui était pas familière.

Le purisme, de la mémoire, la science des dates, et des anecdotes de cour répétées avec un peu d'art devant de serviles approbateurs, ne constituent pas un législateur ni le souverain, d'un grand peuple. Je le dis, et le Lycurgue de Saint-Ouen l'a prouvé.

Il n'est qu'un roi en faveur duquel je ferais une sorte d'exception, et c'est Frédéric-le-Grand : il fut un bon et bel esprit.

Je me promène encore de temps en temps avec le chef de cette famille, avec Henri IV, dont ils se paraient avec emphase, et dont la descendance les gonflait d'orgueil. Ils avaient raison d'en être fiers ; mais la comparaison les écrasait, et c'était la censure la plus amère que l'on pût faire de leur gouvernement. Ce brave homme se plaignait qu'on l'accolât ainsi à des enfans dégénérés. Il parle de ses erreurs avec une rare bonhommie et une franchise qui étaient dans son caractère. Ce qui le fâche le plus, c'est de penser qu'on avait accueilli en France ces hommes qui avaient mis à la main de Barrière, de Jean Chatel et de Ravaillac, le poignard saintement parricide qui lui perça le sein. « Ventre-saint-gris, s'écriait-il un jour, je les renie, ces enfans-là, ce sont de vrais bâtards. »

Il pense tout autrement de celui qui vous gouverne maintenant, et il n'en augure que du bien. Nous sommes d'accord sur ce point; et ce qui me fortifie dans cette manière de voir, c'est que vous jouissez pleinement de la liberté d'écrire et de penser, et que les lois ne puniront plus que la licence. Vous ne serez plus incarcérés pour avoir lu tel ou tel journal, ou chanté des couplets qui tournent les sots en ridicule.

L'inquisition religieuse qui vient d'être anéantie, ne sera plus secondée, soutenue et vengée par une autre inquisition civile, dont les sbires et les familiers vous torturaient, vous assiégeaient sans cesse, et vous provoquaient au mal en vous tendant les piéges les plus infam s et les plus honteux, pour s'abreuver de sang, et vous conduire à l'échafaud, en organisant des conspirations factices, que l'on payait ensuite au poids de l'or.

Ces infamies furent créées par des hommes qui voulaient se rendre nécessaires en enfantant des dangers imaginaires. Je suis fâché de voir que des individus qui jouèrent un rôle dans ces machinations perfides, ont été exhumés de leur retraite, où ils eussent dû rester ensevelis, pour se montrer encore dans une administration que l'on voulait purifier, et qui ne doit exister que pour prévoir arrêter le mal, maintenir le bon ordre, et non le troubler. De tels gens sont toujours dangereux et d'un mauvais exemple; leurs antécédens doivent inspirer de la crainte et de l'horreur; et lors même qu'ils n'agiraient pas, on ne peut être tranquille lorsqu'on est à la merci de ceux qui, à d'autres époques, furent les instrumens de la plus cruelle tyrannie, et versèrent le sang pour consolider ce qu'ils appelaient le trône et l'autel.

Quelques membres de ces associations fanatiques et anti-sociales sont encore au milieu de vous; ils n'ont fait que changer de costume, mais l'esprit est resté.

On pourrait me répondre : Mais vous avez toléré, autorisé ce que vous blâmez aujourd'hui. Je répliquerai : J'étais placé trop haut pour m'occuper d'aussi minces détails; mes regards planaient sur la terre; et, tout en soupçonnant que ceux auxquels j'accordais ma confiance en abuseraient, il existait des choses dont je ne pouvais acquérir la preuve. Il est un malheur attaché à la condition des rois : c'est que la vérité n'approche jamais d'eux. Il y a tant de gens intéressés à nous tromper. J'ai poussé, je puis le dire, l'indulgence jusqu'à la faiblesse : que de gens j'aurais dû punir et auxquels j'ai pardonné.

Je n'ai jamais été plus heureux que dans les momens où j'ai usé de clémence : celui qui vous gouverne l'éprouvera. Ceux auxquels il succède ne connaissaient pas ce bonheur : Ney, Labédoyère, Lavalette et d'autres en fournissent la preuve. J'ai fait punir des brigands, des assassins :

c'était un devoir, et je l'ai rempli, tout en me plaignant de cette cruelle sévérité.

Les modifications faites à votre charte, sont l'œuvre de la sagesse et de la raison. En admettant la tolérance en matière de religion, vous avez fermé la porte aux plus grands abus. Quel empire avaient usurpé vos prêtres. Encore quelques années, et vous eussiez été obligés de vous couvrir d'un cilice ou d'un froc. Une religion dominante est un outrage à la morale et un crime social ; vous eussiez bientôt vu s'allumer les bûchers, si votre heureuse révolution n'eût pas réduit les ultramontains à l'impuissance. Redoutez-les toujours. Ils règnent encore sur une foule immense qui les sert en aveugles. L'ignorance et la sottise ne calculent rien, surtout lorsqu'elles croient servir le ciel. Ne l'ai-je pas éprouvé ? Je commandais à la moitié de l'Europe ; j'avais des armées invincibles qui appuyaient mes volontés, et quelques misérables sectaires osaient me résister, pour obéir à une puissance imaginaire, que je pouvais anéantir d'un mot et d'un regard.

« Vous avez opéré des prodiges, des merveilles en trois jours. Vous devez reconnaître quels avantages, quelle force découlent de l'unité d'action. Dans un gouvernement, le peuple est tout. Cette grande et éternelle vérité doit l'emporter sur ces raisonnemens factices dont se servent les flatteurs et les courtissans pour aveugler les rois. Conservez cette attitude modeste et fière qui vous convient, et persuadez-vous bien qu'aucune puissance n'a le droit de licencier une grande nation : c'est le comble de la stupidité de l'entreprendre, et je ne puis

concevoir comment des Français ont pu s'y sou-
mettre : c'était plus que de l'obéissance.

Les fastes de l'esclavage n'ont jamais montré
un peuple se livrant lui-même pour être décimé :
le passage des Fourches Caudines était une baga-
telle en comparaison.

Mais vous avez repris l'attitude qui vous convenait. Cet élan généreux des immortelles journées de juillet a prouvé à vos ennemis et à ceux
qui se targuaient d'un triomphe acheté par la tra-
hison, que les Français sont encore dignes de la
gloire qu'ils se sont acquise sur tous les champs
de bataille de l'Europe.

Jamais vous ne fûtes plus forts ni plus redou-
tables qu'au moment où je vous écris. Le rétablissement de la garde nationale assure votre tran-
quillité intérieure, et vaut mieux que des remparts
pour repousser toutes les aggressions. C'est une
institution aussi sage que salutaire. Elle unit tous
les citoyens ; elle les attache à la mère-patrie.
Elle détruit cette défiance machiavélique que
votre dernier gouvernement avait fait naître ; et
Paris, qui sauva la France en 1789, vient encore
de la sauver en 1830.

Hâtez-vous donc, Français, de l'établir dans
les villes, les villages et jusque dans les hameaux.
Que le coq réveille l'amour de la gloire dans tous
les cœurs. Je savais bien que la garde nationale
était la sauve-garde de la patrie et son palladium :
aussi lui avais-je confié ce que j'avais de plus cher.
Si l'on n'eût pas trouvé le moyen de paralys r

l'action de cette généreuse garde nationale, les armées qui avaient osé s'avancer sur Paris, eussent trouvé leur tombeau dans la plaine Saint-Denis, et vous n'eussiez point été, pendant quinze ans, courbés sous un joug odieux ; mais vous étiez livrés et vendus, et ceux qui versaient votre sang au Louvre, à la place du Carrousel et et à la Grève, étaient les mêmes hommes qui, dans tous les temps et dans toutes les circonstances, s'étaient montrés vos plus grands ennemis, et me payaient de la plus noire ingratitude.

Des généraux qui ont fait leurs preuves, dont l'expérience, la bravoure et la fidélité sont connues, reprennent leur rang dans l'armée. Votre roi, juste appréciateur du vrai mérite, a voulu les associer à sa gloire, en réparant les outrages et les avanies dont ils furent abreuvés par ceux qui n'eurent jamais aucune espèce de courage, et qui ne s'illustrèrent que sur des champs de bataille tels que ceux de la rue Saint-Denis.

Nos vieux soldats oublient qu'ils sont mutilés; ils relèvent avec orgueil leurs fronts sillonnés de rides et de glorieuses cicatrices, et ils rendent grâce au destin qui leur a accordé la faveur de vivre assez long-temps pour saluer la liberté et leurs anciens drapeaux.

Votre jeunesse montre cette ardeur qui distinguait leurs pères, lorsque je m'élançai avec eux dans cette carrière que nous avons parcourue ensemble avec des chances plus ou moins glorieuses.

O Français! combien je suis fier d'avoir été votre chef. Je sais que vous me rendez plus de justice maintenant. La tombe a fait disparaître tous les prestiges, toutes les illusions, les préjugés sont éteints, et vos derniers oppresseurs me justifient à vos yeux et à ceux de la postérité, beaucoup mieux que je ne pourrais le faire moi-même.

Je songe avec délices que mon fils aura le cœur français; qu'il se souviendra qu'il a reçu le jour dans ces lieux où son père éleva un obélisque, un monument d'airain à la gloire du grand peuple. Aucune idée d'ambition ne le tourmentera jamais. Vous êtes trop bien gouvernés. Le trône est occupé par le seul homme qui vous convient : il a ce génie, ces pensées, ces intentions, cette volonté qui seuls peuvent et doivent vous régir.

Ce qui comblerait mes vœux, ce serait de voir ce fils si cher former une alliance qui, sous des rapports que l'on peut apprécier, serait très-sortable. Il est des sangs qui peuvent s'unir sans déroger. Les aigles généreux n'engendrent point de timides colombes.

Ce sont des vœux que je forme. Se réaliseront-ils ? Je l'ignore; ou plutôt je ne puis ni ne veux m'expliquer plus clairement. Le secret des destinées doit être sacré.

Quant à moi, si mon cœur est près de vous, si mon ombre erre avec plaisir sur les bords de la Seine; dans ces lieux où nous nous donnâmes réciproquement tant de preuves d'amitié, je gémis en songeant que mes restes mortels sont déposés dans les flancs d'une roche ennemie battue par les flots de l'Océan. J'y retrouve les orages qui assiégèrent les derniers momens de ma déplorable existence.

S'il m'eût été permis de choisir ma sépulture, j'aurais voulu que mon cercueil eût été déposé au pied de cette colonne, où de si beaux faits d'armes ont été retracés par nos artistes! comme les grandes actions de nos héros avaient inspiré leur génie! ils animaient le bronze et le marbre; ils donnaient la vie à la toile! Depuis cette époque, ils n'ont rien produit: ils étaient froids et sans énergie, à l'exemple de ceux qui rapportaient tout à la mysticité.

Mais je ne m'aperçois pas que mon épître devient trop longue. Vous me le pardonnerez : on aime à jaser avec ses vieux amis ; on s'appésantit avec plaisir sur d'anciens souvenirs.

Je termine en vous invitant à vous confier sans réserve au pilote habile qui tient le gouvernail du vaisseau de la France.

Fiez-vous à votre Roi ; abandonnez-vous sans réserve à ses inspirations, et vous surmonterez facilement tout les obstacles. Sans ambition comme sans crainte, il ne veut que le bonheur de cette belle France, que vous l'avez appelé à gouverner. Si on osait vous attaquer et troubler votre repos, il marcherait à votre tête, et le coq des Français verrait renaître les glorieuses et immortelles journées, de Marengo, Austerlitz, Iéna, Vagram et Friedland.

Il marcherait à votre tête et la victoire serait

fidèle aux enfans de la liberté et à ses nobles cou-
leurs.

Soyez donc calmes et sans inquiétude. Modérez
cette impatience qui parfois vous tourmente, vous
assiége et vous rend souvent injustes. On ne peut
tout réparer dans un instant;le bien qu'il vous est
permis d'espérer s'opérera : nous savons cela ici,
parce que l'avenir nous est connu , je pourrais
vous en instruire, mais ce serait une indiscrétion et
je ne veux point ravir à votre roi constitutionnel
le bonheur et le plaisir de vous faire tous ces dons
et de vous les annoncer lui-même.

Je vous le répète : mes chers Français, vous
serez heureux , vous le méritez ; c'est le vœu que
forme pour vous le meilleur et le plus sincère de
vos amis.

NAPOLÉON.

IMP. DE GROSSTÊTE, RUE N°-ST-LAURENT, n. 1

9 782013 462129